27 février 1891

AF319846

CATALOGUE

D'ESTAMPES

ANCIENNES

DES ÉCOLES FRANÇAISE ET ANGLAISE

DU XVIIIᵉ SIÈCLE

DONT LA VENTE AUX ENCHÈRES PUBLIQUES AURA LIEU

HOTEL DES COMMISSAIRES-PRISEURS, RUE DROUOT,

SALLE Nº 5

Le Vendredi 27 et Samedi 28 Février 1891

À deux heures très précises.

Mᵉ MAURICE DELESTRE
Commissaire-priseur
27, RUE DROUOT, 27

M. JULES BOUILLON
Marchand d'Estampes de la Bibliothèque nationale,
3, RUE DES SAINTS-PÈRES, 3.

CATALOGUE

D'ESTAMPES

ANCIENNES

DES ÉCOLES FRANÇAISE ET ANGLAISE

DU XVIIIᵉ SIÈCLE

DONT LA VENTE AUX ENCHÈRES PUBLIQUES AURA LIEU

HOTEL DES COMMISSAIRES-PRISEURS, RUE DROUOT, 9

SALLE Nᵒ 5

Le Vendredi 27 et Samedi 28 Février 1891

à deux heures très précises.

Par le ministère de **Mᵉ MAURICE DELESTRE**, commissaire-priseur,
Rue Drouot, 27

Assisté de **M. JULES BOUILLON**, marchand d'estampes de la Bibliothèque
nationale, rue des Saints-Pères, 3.

PARIS, 1891

CONDITIONS DE LA VENTE

La vente se fera au comptant.

Les acquéreurs payeront *cinq pour cent* en sus des enchères, applicables aux frais.

M. J. Bouillon, chargé de la direction de la vente, se réserve la faculté de rassembler ou de diviser les lots.

L'ordre du catalogue sera suivi.

ORDRE DES VACATIONS

DÉSIGNATION

ESTAMPES

ADRESSES

1 — Entourage ornementé, avec figures d'amours en bas, pour une adresse, gravé par Le Roy, 1767. Très belle épreuve avant la lettre, plus une reproduction moderne du même sujet. Deux pièces.

2 — Cadre ornementé, avec armoiries en haut. Gravé par Gatine, 1795. Épreuve avant la lettre.

3 — Cartouche surmonté de deux amours, pour une adresse d'horloger. — Hallé, dit Mercier, peintre et modeleur. Deux pièces, la première est avant la lettre.

4 — Encadrement pour étiquette de pharmacien. — Exlibris, par Bartolozzi, d'après Cipriani. Deux pièces avant la lettre.

ALKEN

5 — Charges anglaises. Dix pièces coloriées. Rares.

AMSDELL (Richard)

6 — The chase. — Returning Home. — Duck. — Rabbit. Quatre pièces, gravées par Simmons. Épreuves coloriées.

ANONYMES

7 — Vue du Louvre, pièce in-8°, en largeur. Belle épreuve avant toute lettre.

8 — Cruautés exercées à Gand sur les Brabançons. Pièce coloriée. Rare.

ANONYMES

9 — *Charette* (le Général), coiffé d'un chapeau. In-fol. Très belle épreuve, toute marge.

10 — *Courville* (Mme de), médaillon ovale, in-8°. Très belle épreuve, marge.

11 — *Olisva* (Mlle le Guet d'Esigny d'). — *La Motte* (la Comtesse de). Deux portraits in-8o, en couleur. Très belles épreuves, marge.

AUBRY (d'après E.)

12 — La Bergère des Alpes, par J.-J. Leveau. Très rare épreuve avant toute lettre, à l'état d'eau-forte, marge.

13 — La Reconnaissance de Fonrose, par R. de Launay. Belle épreuve.

AUDRAN (J.)

14 — Estrées (le Maréchal d'), d'après Largillière. In-fol. Très belle épreuve, marge.

BAILLIEUL

15 — Vue perspective de l'illumination de la rue de la Ferronnerie, du côté de la rue Saint-Denis, 1745. Belle épreuve.

BALECHOU (J.)

16 — Sainte Geneviève, d'après C. Vanloo. Très belle épreuve.

BARTOLOZZI (F.)

17 — Vénus et l'Amour. Deux compositions différentes, de forme ronde, faisant pendants. Superbes épreuves avant toute lettre.

18 — Geography, d'après Cipriani. Très belle épreuve.

19 — La même estampe. Très belle épreuve avant la lettre.

BARTOLOZZI (F.)

20 — *Cagliostro* (la Comtesse de). In-4, en bistre, avant toute lettre. — Beauty. Deux pièces. Très belles épreuves.

21 — *Charlotte*, reine d'Angleterre, d'après Livesay. In-8. Très belle épreuve, marge.

22 — *Duncannon* (Henriette-Frances, Viscountess), d'après la Countess Spencer. In-fol. Très belle épreuve.

23 — *Gautherot* (Mrs), d'après P. Violet. In-8. Très belle épreuve.

24 — Portrait of her Majesty, d'après Beechy. In-fol. Belle épreuve, marge.

BASSET (A Paris chez)

25 — La toilette du matin. — Esther devant Assuérus, etc. Quatre pièces coloriées. Rares.

BAUDOUIN (d'après P.-A.)

26 — Le Curieux, par P. Maleuvre. Superbe et rare [épreuve avant la lettre, avec la bordure, marge.

27 — Jusques dans la moindre chose, par L. J. Masquelier. Très belle épreuve.

28 — Le Matin. — Le Midi. — Le Soir. — La Nuit. Suite de quatre pièces gravées par de Ghendt. Très belles épreuves.

29 — Le Soir. — La Nuit. Deux pièces gravées par de Ghendt. Belles épreuves.

30 — Le Modèle honnête, par Moreau et Simonet. Très belle épreuve, marge.

31 — La Rencontre dangereuse, par Leveau. Très belle épreuve, marge.

32 — The Rising, d'après la composition de Baudouin inti-tulée : Le Lever, publiée à Londres en 1774. Belle épreuve.

BENAZECH

33 — Le Prix de l'Agriculture, en couleur. Très belle épreuve.

BENAZECH (d'après)

34 — Dernière entrevue de Louis XVI et de sa famille. — La séparation de Louis XVI de sa famille. — La séparation de Marie-Antoinette d'Autriche d'avec sa famille dans la tour du Temple. Trois pièces.

BENOIST

35 — Pastorales, de forme rondes. A Paris, chez Chereau. Quatre pièces. Très belles épreuves avec marges.

BENOIST (d'après A.)

36 — Portraits de Louis le Grand, gravés suivant ses différents âges. In-fol. Très belle épreuve.

BENWELL d'après)

37 — Orange Girl, par Legrand, en couleur. Très belle épreuve toute marge.

BERNARD

38 — *Louis XIV*. In-fol. en manière noire. Très belle épreuve avant la lettre.

39 — Monseigneur le Grand Dauphin, fils de Louis XIV. In-fol. en manière noire. Belle épreuve.

BERNARD-PICART

40 — Monument consacré à la postérité en mémoire de la folie incroyable de la XXᵉ année du XVIIIᵉ siècle. Belle épreuve.

BERTAUX (d'après J.)

41 — La Marchande d'herbes, par Auvray. Belle épreuve, marge.

BERTHAULT

42 — La Place de Louis XVI et la salle d'Opera proposées au Carrousel, en face des Tuileries, d'après Belanger. Très belle épreuve.

43 — Vue perspective du pont projeté par le Sr Perronet pour être construit sur la Seine, au droit de la place Louis XV. Très belle épreuve.

BOILLY (L.)

44 — Le Jeu de l'écarté. — Le Jeu de billard. Deux pièces faisant pendants, lithographies coloriées. Très belles épreuves.

45 — Grimaces. — Réunion de trente-cinq têtes diverses. Vingt-huit pièces coloriées.

BOILLY (d'après L.)

46 — L'Amant favorisé, par A. Chaponnier. Belle épreuve.

47 — La Cocarde nationale, par Aug. le Grand. Très belle épreuve.

48 — Défends moi, par Petit. Très belle épreuve.

49 — La Dispute de la rose. — La rose prise. Deux pièces faisant pendants, gravées par Cazenave et Eymart. Très belles épreuves.

50 — Les hommes se disputent. — Les femmes se battent. Deux pièces, faisant pendants, gravées par Chaponnier, en couleur. Très belles épreuves.

51 — La Précaution. — La Fleuriste. — L'Amusement de la campagne. Trois pièces gravées par Tresca, dont une en couleur. Belles épreuves.

52 — Première scène de voleurs. — Deuxième scène de voleurs. Deux pièces gravées par Gror, en couleur. Belles épreuves.

53 — Qu'elle est gentille, par Bonnefoy. Très belle épreuve.

BOILLY (d'après L.)

54 — La surprise agréable, par Mixelle. Superbe épreuve, toute marge.

BOILLY (d'après J.)

55 — Repas des Girondins, lithographie avant la lettre sur chine.

BOLLINGER (F.-W.)

56 — *Bandemer* (Susanne von), d'après Hallerstein. In-8. Très belle épreuve, toute marge.

BONNET

57 — L'Amour prie Venus. — Venus enflammée par l'Amour. Deux pièces en couleur. Très belles épreuves. *D. Go*

BONVOISIN (H.)

58 — *Angoulême* (S. A. R. Madame, duchesse d'). In-fol. Belle épreuve.

BOREL (d'après)

59 — Assemblée nationale constituée à Versailles le 17 juin 1789, six semaines après l'ouverture des Etats généraux, gravé par Ponce. Très belle épreuve, marge.

60 — La même estampe. Superbe et rare épreuve à l'eau-forte pure, avant toute lettre et avant la bordure, marge.

BOSIO

61 — La lanterne magique. Très belle épreuve. ————

62 — Les Invisibles, en couleur. Très belle épreuve.

63 — La Poule. Epreuve en couleur. *D. ia*

64 — Les quatre coins. — La main-chaude. — Le collin-maillard. — Le volant. Quatre pièces en couleur. Belles épreuves.

65 — Ah ! beaucoup vous critiquent mais peu vous imitent. Rare épreuve avant toute lettre.

BOUCHER (d'après F.)

66 — Pensent-ils au raisin, par Le Bas. Rare épreuve à l'état d'eau-forte.

67 — Diplôme des francs-maçons pour la loge de Bordeaux, par P. P. Choffard. Superbe épreuve avant les inscriptions sur le drapeau, marge.

68 — Les éléments, suite de quatre pièces, sujets d'amours, gravées par J. Daullé. Superbes épreuves, grandes marges.

69 — Cartouche avec attributs religieux, par Huquier. Belle épreuve, marge.

70 — Suite de onze vignettes in-4. pour Acajou et Zyrphile. Très belles épreuves, toutes marges.

71 — Autel de l'Amitié. — Le Marché. Deux pièces à la sanguine, par Demarteau. D. GG

72 — Bacchante donnant des raisins à l'Amour, gravé à la sanguine par Demarteau. Très belle épreuve. D. h

73 — La Fleuriste dansant. — La Jardinière. — Sainte Famille. Trois pièces gravées à la sanguine par Demarteau.

74 — Groupes d'Amours. Trois pièces à la sanguine, par Demarteau. D. GG

75 — Etudes de têtes de femmes. Gravées à la sanguine, par Demarteau. D. D

76 — Bustes de jeunes femmes. Gravées à la sanguine, par Bonnet et Demarteau. Cinq pièces. D. ug

BOUCHER ET CLERMONT (d'après)

77 — Les œufs cassés. — Le jeune Jardinier. Deux pièces gravées à la sanguine, par Demarteau et Lucien. Belles épreuves.

BOUGHER ET HUET (d'après)

78 — La Bohémienne. — Les soins maternels. — Chasses. — Paysages et ornements. Six pièces gravées à la sanguine. par Demarteau.

CALLOT (J.)

79 — La Carrière ou la rue neuve de Nancy (M. 621). Très belle épreuve du premier état, avant l'adresse d'Israël Silvestre.

CARDON ET STANIER

80 — *Bellington* (Mrs), d'après Reynolds. — *Robinson* (Mrs), d'après Englehart. Deux portraits in-8. Belles épreuves.

CARESME (d'après)

81 — Nymphes et Satyre, gravé à la sanguine. Épreuve avant toute lettre.

CARICATURES

82 — Richesse et misère, ou rien qu'un. — La tireuse de cartes. — Tous deux ont raison. — Le traquenard, ou le fripon en défaut. — Pensent-ils à la musique ? — La moderne Danaë. — Le marché à la volaille. — Le concert interrompu. — Le premier dimanche de la promenade de Saint-Cloud. Neuf pièces coloriées.

83 — Les Journaux. — Les Théâtres Deux pièces coloriées.

CARMONTELLE (d'après L.-C. DE

84 — Plan et vue du jardin de Monceau. Dix pièces avec grandes marges.

CARRÉE

85 — Vue perspective de la fontaine des Innocents, en couleur. Très belle épreuve.

CHALLIOU (A Paris chez)

86 — La douce Julie. — La charmante Victoire. — La belle Emilie. — La jeune Agathe. Suite de quatre jolis portraits de femmes, médaillons de forme ovale, en hauteur, in-4. Superbes épreuves, toutes marges. Rares.

CHAUVEAU (F.)

87 — Costumes tirés du carrousel de Louis XIV. Cinq pièces.

GHÉREAU (J.)

88 — Marie, Princesse de Pologne, Reine de France et de Navarre, d'après Vanloo. In-fol.

CHOFFARD (P.-P.)

89 — Culs-de-lampe, pour divers ouvrages. Cinq pièces en épreuves tirées hors texte.

CIPRIANI (d'après J.-B.)

90 — Ne dérangez pas le monde, par Bartolozzi. Très rare épreuve à l'état d'eau-forte.

91 — A Nymph a Sleep, par P. Bettelini. Très belle épreuve, grande marge.

COCHIN (d'après C.-N.)

92 — Le Port du Havre, par Martini. Épreuve à l'état d'eau-forte.

COLIBERT

93 — Ah! comme ils sont intéressants! d'après Frère. Très belle épreuve.

CONDÉ (J.)

94 — York (Her Royal Highness the Dutchess of). In-8. Superbe épreuve. Rare.

COPIA

95 — Triomphe Frontispice du musée Napoléon. Épreuve avant toute lettre à l'état d'eau-forte, toute marge.

COQUERET

96 — *Bonaparte.* In-fol. en pied d'après Hilaire Le Dru. Très belle épreuve.

COSWAY (d'après R.)

97 — Infancy.—Fidelity. Deux pièces faisant pendants gravées en couleur par L C. Ruotte. Très belles épreuves.

98 — *Cosway* (R.), par Bova, élève de Bartolozzi. — *Cosway* (Maria), par Playter Deux portraits in-4, faisant pendants. Très belles épreuves.

99 — *Récamier* (Madame). In-4, en couleur. Très belle épreuve.

COSWAY ET BENWELL (d'après)

100 — Le Prince de Galles. — La Beauté de Saint-James. Deux pièces gravées par Kitzen et Clavareau. Belles épreuves.

COUCHÉ

101 — Les Adieux de Fontainebleau. Très belle épreuve avant la lettre, grande marge.

COYPEL (d'après CH.)

102 — La Jeunesse sous les habillements de la décrépitude, par Renée E. Marlié Lepicié. Très belle épreuve.

DEBUCOURT (P.-L.)

103 — Heur et malheur ou la Cruche cassée, en couleur.

104 — L'Escalade ou les adieux du matin, en couleur. Très belle épreuve de la Copie trompeuse.

105 — La Rose mal défendue, par Bonemain. Très belle épreuve. Rare.

106 — Minet aux aguets. Très belle épreuve, marge.

107 — Les premiers pas de Paul et Virginie. — Virginie donnant du pain à un noir. Deux pièces faisant pendants. Très belles épreuves avant la lettre; la première avec le titre en lettres grises.

DEBUCOURT (P.-L.)

108 — La Main chaude. Très belle épreuve.

109 — Feu d'artifice à l'arc de triomphe de l'Étoile. Belle épreuve.

110 — Barrière du faubourg Saint-Martin. — Barrière de Charenton. Deux pièces. Belles épreuves, marges.

111 — La Promenade publique. Deux épreuves de la reproduction moderne, avant la lettre.

112 — Intérieur de cuisine, d'après Droling, en couleur. Très belle épreuve.

113 — Passez, payez, d'après C. Vernet, en couleur. Très belle épreuve.

114 — La Marchande de poisson, d'après C. Vernet, en couleur. Très belle épreuve.

115 — Le Jour de barbe d'un charbonnier, d'après C. Vernet, en couleur. Très belle épreuve.

DEMARTRAIT

115 bis. — Vue de la forteresse de Saint-Pétersbourg et des courses de traîneaux qui se font sur la Newa pendant l'hyver, en couleur. Belle épreuve.

DESCOURTIS

116 — Vue du port Saint-Paul, d'après de Machy, en couleur,

DESRAIS (d'après C.-L.)

117 — Variétés amusantes ou la courte paille. — Le Baisé donné. Deux pièces, gravées par Deny. Belles épreuves.

118 — Ah! ça ira, ça ira, ça ira bien, gravé par Deny. Belle épreuve, coloriée.

119 — Le Bal masqué, par L.-S. Berthet. Très belle épreuve, marge.

120 — Le Poisson des jeunes filles, par Blanchard. Pièce coloriée. Rare.

DEVAUX

121 — *Laruette* (Marie-Thérèse de Villette, Mme). In-fol. en pied, coloriée.

DIVERS

122 — Vignettes, d'après Eisen, Moreau, Monnet, Lebarbier, Boucher, Marillier, etc. Quarante pièces.

123 — Titres et frontispices de livres des dix-septième et dix-huitième siècles. Vingt-deux pièces. Très belles épreuves.

124 — Vues de Paris, dessins et gravures. Trente et une pièces.

125 — Vues de Versailles et de Trianon. Douze pièces, en partie avant la lettre ou à l'eau-forte.

126 — Vues de Versailles, par Aveline, Pérelle et autres. Cent trente et une pièces.

127 — Vues de Saint-Cloud, par Meunier, Aveline et autres. Douze pièces.

128 — Portraits de femmes, en grande partie du dix-septième siècle. Soixante-cinq pièces.

129 — Portraits d'hommes, artistes, littérateurs et hommes célèbres des dix-septième et dix-huitième siècles. Quarante-neuf pièces.

DOSSIER

130 — *Stuart* (Ch.-Edouard), dit le prétendant. In-fol. Très belle épreuve.

DREUX (Alfred de)

131 — Croquis de chevaux, par Alfred de Dreux. Vingt-huit pièces.

DREVET (P.)

132 — *Le Peletier* (Claudius), d'après Mignard. In-fol. Belle épreuve.

DUJARDIN (d'après)

133 — Stuart, vainqueur du grand prix de Paris.

DUMESNIL (d'après)

134 — Le Marché aux fleurs. Très belle épreuve avant toute
lettre à l'état d'eau-forte.

DUPLESSIS

135 — La Révolution française. — La Suppression des moines
et religieuses. — Le Triomphe de Voltaire. Trois grandes
pièces en largeur. Très belles épreuves, toute marge.

DUPLESSIS-BERTAUX

136 — La Bienfaisance ingénieuse. Épreuve à l'état d'eau-
forte, avec la légende en bas. Rare.

137 — Entrée de Sa Majesté Louis XVIII à Paris, passant sur
le Pont-Neuf. Grande pièce en largeur. Très rare épreuve
à l'état d'eau-forte.

138 — Entrée de Louis XVIII à Paris. Rare épreuve à l'état
d'eau-forte, toute marge.

139 — Revue passée dans la cour du Carrousel, avec la vue
des Tuileries. Rare épreuve à l'état d'eau-forte pure.

140 — Défense d'une barricade dans les rues de Paris. Epreuve
à l'eau-forte, toute marge.

141 — Entrée des Français à Venise, 1806. Très belle épreuve
avant toute lettre, marge.

142 — Le Départ des chevaux de la place Saint-Marc à Venise.
Épreuve à l'eau-forte.

143 — Scènes (tirées des tableaux de la Révolution. Vingt
pièces. Très belles épreuves, marges.

144 — Tableaux de la Révolution. Quinze pièces. Très belles et
rares épreuves à l'état d'eau-forte.

145 — Campagnes d'Italie. Vingt-neuf pièces à l'état d'eau-
forte.

DUPONCHELLE

146 — *Louis XVI.* — Marie-Antoinette. Deux portraits in-fol. faisant pendants, d'après Vanloo. Le portrait de la reine est imprimé en sanguine. Très belles épreuves, grandes marges.

147 — Marie-Antoinette, reine de France. In-fol. Très belle épreuve imprimée en sanguine, toute marge.

148 — Marie-Antoinette, reine de France. Onze épreuves avec toutes leurs marges, non ébarbées, imprimées en sanguine.

DUPONCHELLE et DUPIN

149 — Louis-Stanislas-Xavier de France, Monsieur. — Marie-Jeanne-Louise de Savoie, Madame. Deux portraits in-fol. faisant pendants, d'après Vanloo et Drouais. Très belles épreuves, toutes marges.

ÉCOLE FRANÇAISE, XVIIIᵉ SIÈCLE

150 — La Joueuse de vielle. Épreuve avant toute lettre.

151 — Habillements du roy Louis XV, pour son sacre. Trois pièces.

152 — Modes et costumes des dix-septième et dix-huitième siècles, en noir et en couleur. Vingt-sept pièces.

153 — Vingt et une pièces. Contre-épreuves de dessins et gravures du dix-huitième siècle.

ÉCOLE ANGLAISE

154 — La Belle paysanne. — La Belle dormant. Deux pièces de forme ovale faisant pendants. Très belles épreuves

155 — Children feeding Ducks. — Love. — The Young balloonists. — Ariadne. — Meckness, etc. Six pièces.

156 — La Lecture. — Le Rendez-vous. Deux pièces de forme ovale faisant pendants. Très belles épreuves avant toute lettre, toute marge.

ÉCOLE ANGLAISE

157 — La Musique. — Le Désespoir. Deux pièces faisant pendants. Très belles épreuves avant toute lettre.

ÉDELINCK (G.)

158 — *Desjardins* (Martinus Van den Baugart, connu sous le nom de), célèbre sculpteur, d'après Rigand. In-fol. Très belle épreuve.

159 — *Léonard* (F.), célèbre imprimeur, d'après Rigaud. In-fol. Belle épreuve.

160 — *Mansart* (Jules Hardouin), d'après Rigaud. In-fol. Très belle épreuve.

EISEN (d'après CH.)

161 — Les Désirs satisfaits, par Patas. Belle épreuve.

ESNAULT ET RAPILLY (chez)

162 — *Marie-Antoinette*, représentée en buste avec plume dans les cheveux. In-4 en couleur. Très belle épreuve, marge.

FABER (J.)

163 — *Essex* (The Countess of), d'après G. Kneller. In-fol. en manière noire. Très belle épreuve.

FIÉSINGER

164 — Fréteau. — Luckner. — Robespierre. — Barnave. — Petion, etc. Six portraits in-8. Belles épreuves.

FLIPART (J.-J.)

165 — *Dumont le Romain* (Jacques), d'après de Latour. In-fol. Très belle épreuve, toute marge.

FLOUEST (d'après)

166 — Serment prêté dans le Jeu de Paume, à Versailles. Très belle épreuve.

FRAGONARD (d'après H.)

167 — La Gimblette, par Bertony. Très belle épreuve avant toute lettre et avant les armes. *D. ag*

168 — S'il m'était aussi fidèle, par Dennel. Superbe épreuve avant toute lettre, rare. *D. ag*

169 — Le Refus inutile, par Flipart. Belle épreuve. *D. ug*

170 — Le Sacrifice de la Rose. Très belle épreuve avant la lettre. *Arb. at D. gg*

171 — Spirat adhuc amor...., par le comte de Paroy. Jolie pièce imprimée en bistre. Très belle épreuve, marge.

172 — La Gageure des trois commères, scène du lit. — Le Faucon. — Le Glouton. Trois pièces in-4, pour les *Contes* de La Fontaine. Très belles épreuves avant la lettre, marge.

173 — Quinze vignettes in-4, pour les *Contes* de La Fontaine, l'édition in-4 de Didot. Très belles épreuves, grandes marges. *D. Og*

174 — Douze pièces doubles des précédentes. Très belles épreuves, en partie avec grandes marges. *D. hg*

175 — Huit pièces doubles des précédentes. Très belles épreuves, grandes marges. *D. ig*

FREUDEBERG (d'après S.)

176 — La Gaieté conjugale, par N. de Launay. Très belle épreuve, marge.

177 — Le Présent du fermier, par Le Beau. Très belle épreuve, marge.

FREUDEBERG et MOREAU (d'après)

178 — *Raucourt* (Mme), de la Comédie Française, par C. L. Lingée. In-fol. Très belle épreuve, grande marge.

GAINSBOROUGH (d'après)

179 — His Royal Highness George, prince of Wales, par J. R. Smith. In-fol. en pied. Très belle épreuve.

GAUTIER

180 — Il ôte aux nations le bandeau de l'erreur, d'après Belanger, en couleur. Belle épreuve.

GENTY (A Paris chez)

181 — Cortège du mariage de Gaspard l'Avisé. — Mariage de Gaspard l'Avisé, à Domfront, en Normandie. Deux pièces coloriées faisant pendants. Belles épreuves, grandes marges.

GÉRARD (d'après Mlle)

182 — L'Elève intéressante. — Le Triomphe de Minette. Deux pièces faisant pendants, gravées par Vidal. Très belles épreuves.

GRAVELOT (d'après H.)

183 — Sujets d'enfants et fables, d'Esope et de La Fontaine, avec entourages ornementés. Vingt-huit pièces.

GREEN (Val.)

184 — Portrait de femme, à mi-corps, appuyée sur une table, d'après Calze. In-fol. en manière noire. Très belle épreuve avant la lettre.

GREUZE (d'après J.-B.)

185 — A Bacchante, gravé par H. Meyer. Belle épreuve.

186 — La Fille confuse, par Ingouf. Belle épreuve avant la dédicace.

187 — La Petite sœur. — La Jeunesse studieuse. Deux pièces gravées par Lucien et Levasseur. Belles épreuves.

188 — Retour de nourrice, par Hubert, 1767. Très belle épreuve, marge.

GREUZE (d'après J.-B.)

189 — La vraie Mère, par Voyez. Belle épreuve.

GUYOT

190 — L'œil du Génie ou les armes de M. Necker. Très belle épreuve, marge.

191 — La Vérité triomphante. — Vertu surmonte tous obstacles. Deux pièces allégoriques sur Louis XVI et Necker. Imprimées en bistre.

192 — Le prince Lambesc, aux Tuileries. — Les Motionnaires au café du Caveau. Deux pièces.

193 — Vues et paysages d'Angleterre. Six pièces gravées en couleur. Très belles épreuves, marges.

GWYN (J.)

194 — A Treatise on the utility and advantages of fencing, giving the opinions of the most eminent authors and medical practitioners, on the important advantages derived from a Knowledge of the art, as a Means of self-defence and a promoter of health. Illustrated by forty-seven engravings, to which is added. A dissertation on the use of the broad sword (with six descriptives plates). Memoirs of the late Mr Angelo ; and a biographical Sketch of chevalier St-George, with his portrait. London, 1817. 1 vol. in-fol. obl. demi-rel. mar. brun, dos et coins. A la fin du volume se trouvent six planches sur l'art de l'escrime par Rowlandson. Sur le titre on lit, écrit à la plume : From Mr Angelo to his friend Mr Merle. Très bel exemplaire. Rare.

HAMILTON (d'après W.)

195 — Siddons (Mrs) in the tragedy of the Grecian daughter, par J. Caldwatt. In-fol. en pied. Belle épreuve.

HOIN (d'après)

196 — Dorat. Buste, dans un médaillon, posé sur une colonne, entouré des amours et une Muse, gravé par Fessard. In-8. Très belle épreuve, marge.

HUET (d'après J.-B.)

197 — La chute inattendue, par J. Morret, en couleur. Très belle épreuve.

198 — Le Marchand d'orviétan de campagne, par Bonnet, en couleur. Très belle épreuve.

199 — Retour du marché. — Vue intérieure d'une ferme. Deux pièces faisant pendants, gravées en couleur, par Auvray et Mattet. Très belles épreuves, marge.

200 — Retour du marché, gravé en couleur, par Auvray. Très belle épreuve, marge.

201 — Le Triomphe de Galathée, par L. Bonnet, en couleur. Très belle épreuve, marge.

202 — Mariage d'Eloïse et d'Abeilard, par Elizabeth Challiou. Très belle épreuve en couleur.

203 — Étude pour les demoiselles. Quatre très jolis costumes de femmes, gravés à la sanguine et publiés chez Bonnet.

HUET ET BARBIER (d'après)

204 — La Terre. — L'Eau. — L'Air. — Le Feu. Suite de quatre pièces, en couleur, de forme ovale, gravées par Bonnet. Très belles épreuves. Rares.

HUMPHREY (W.)

205 — The promenade. Jolie pièce, gravée à la manière noire. Très belle épreuve, marge.

HUNT

206 — Going to the meet, d'après Henderson, en couleur.

ISABEY d'après)

207 — *Dugazon* (Mme), par Monsaldy. In-4. Très belle épreuve, marge.

ISABEY (d'après)

208 — *Elisabeth Alexiewna*, Impératrice de toutes les Russies, gravée par Mecou. — *Marie-Louise*. Deux portraits in-4. Belles épreuves.

209 — L'Impératrice Marie-Louise, en pied et grand costume de cour. In-fol. Très belle épreuve ayant toute lettre.

210 — Revue passée devant un palais, gravé par Malbeste. Très rare épreuve à l'état d'eau-forte.

JANINET (F.)

211 — Mme Dugazon, rôle de Nina. — M. Dugazon, rôle du chevalier Forbignac. — Costume de Mme Trial. Trois pièces in-8, en couleur.

212 — L'Amour rendant hommage à sa mère, d'après Boucher, en couleur. Très belle épreuve.

213 — Cinq bustes de femmes, sur une même feuille, dont un tout petit au milieu. Très belle épreuve en couleur.

214 — Projet d'un monument à ériger pour le roi, d'après de Varenne et Moreau, en couleur. Très belle épreuve.

215 — La réunion des plaisirs, d'après Le Clerc. — La leçon de l'Amour. Deux pièces en couleur. Belles épreuves.

216 — Le sommeil d'Ariane, d'après Charlier, en couleur. Très belle épreuve.

217 — Les trois Grâces, d'après Pellegrini, en couleur. Très belle épreuve avant la lettre et avant la guirlande de roses.

218 — Une Vestale. — Hébé. Deux pièces en couleur d'après Le Barbier ; la première est avant toute lettre. Très belles épreuves.

JEAN (A Paris chez)

219 — Entrée dans la ville de Paris de Sa Majesté Louis XVIII, roi de France et de Navarre, le 4 mai 1814. Pièce coloriée, toute marge.

JÉAURAT (d'après E.)

220 — La Muse Uranie, par J. Daullé. Très belle épreuve, toute marge.

221 — Vénus et Adonis, par R. Gaillard. Belle épreuve.

KOCK (d'après W.)

222 — Monument pour Paris, gravé par Koning et Beck.

LAGRENÉE LE JEUNE (d'après)

223. — Les Enfants chéris. — La tendre mère. Deux pièces faisant pendants, gravées sous la direction de Bonnet, en couleur. Très belles épreuves.

LALAUZE

224 — Dix vignettes et un portrait pour les Œuvres de Molière. Très belles épreuves d'artiste, sur japon.

LANCRET (d'après)

225 — A femme avare galant escroc, par de Larmessin. Très belle épreuve avant l'adresse de Buldet.

LAVREINCE (d'après N.)

226 — L'Accident imprévu. — La sentinelle en défaut. Deux pièces faisant pendants, gravées par Darcis, en couleur. Très belles épreuves.

227 — L'heureux moment, gravé par Mart, et imprimé en sanguine. Très belle épreuve, marge.

228 — Le Lever des ouvrières en modes, gravé en réduction, au trait. Très belle épreuve. Rare.

229 — Les offres séduisantes, par Delignon. Belle épreuve, marge.

230 — La sentinelle en défaut, par Darcis. Très belle épreuve avant la lettre.

LE BARBIER (d'après)

231 — Bienfaisance du Roy, par J. C. Le Vasseur. Très belle épreuve.

232 — Déclaration des Droits de l'homme et du citoyen, par Laurent. Belle épreuve, marge.

LE BEAU

233 — Le mari trompé. Très belle épreuve, marge. ——

234 — *Marie-Thérèse*, Impératrice d'Autriche. Très belle épreuve imprimée en sanguine, marge.

LE BRUN (d'après)

235 — Les Désirs accomplis, par Voysard. Très belle épreuve.

236 — L'Intrigue découverte, par Voysard. Très belle épreuve, marge.

237 — Le repas du matin. — La Récréation du soir. — Le divertissement de la nuit. Trois pièces gravées par Dambrun. Belles épreuves.

238 — La toilette de la mariée ou le jour désiré. Très belle épreuve, marge.

LE CLERC (d'après)

239 — L'abbé en conqueste. Très belle épreuve, grande marge.

LE CLERC ET LEPRINCE (d'après)

240 — La rose cueillie. — Costumes. Deux pièces, dont une en couleur.

LE CŒUR (d'après)

241 — Fête du Sacre et couronnement de Leurs Majestés Impériales, gravé par Marchand. Très belle épreuve.

LE GENDRE (d'après)

242 — La jeune Sultane, par Chevillet. Belle épreuve.

LEGRAND (Aug.)

243 — L'enfance de Paul et Virginie. — Changement de lait de Paul et Virginie. Deux pièces en couleur d'après Schall et Lambert. Belles épreuves.

LEPICIÉ (d'après N.-B.)

244 — La Promesse approuvée, par Hemery, 1777. Belle épreuve.

LESPINASSE (d'après le chevalier)

245 — Vue intérieure de Paris, représentant le port au blé, depuis l'extrémité de l'ancien marché aux veaux jusqu'au pont Notre-Dame. Très belle épreuve.

246 — Vue de la place Louis XV, à Paris. Rare épreuve à l'état d'eau-forte.

247 — Vue du Palais royal, des Galeries et du jardin, gravé par Varin frères. Belle épreuve.

248 — Vue du Château de Versailles et de la pièce d'eau des Suisses. Epreuve avant la lettre, toute marge.

249 — Cartes, plans et vues de Russie, etc. Trente-quatre pièces en 1 vol. in-fol., cart.

LESPINASSE ET **PRIEUR** (d'après.)

250 — Vues du Palais et Parc de Trianon. Dix pièces tirées du *Voyage en France*, de Laborde. Epreuves avant la lettre ou eaux-fortes.

LE VACHEZ (A Paris chez)

251 — La Noblesse tirée d'embarras par le clergé, ou avanture de la Dame Polignac à Sens. — Audience du Roi et de la Reine accordée à la veuve de l'infortuné François Boulanger, massacré par la populace le 21 octobre 1789. Deux pièces.

252 — Médaille du serment fédératif, pièce en couleur. Rare.

LIGNON

253 — *Talma.* — Mlle *Mars.* Deux portraits grand in-4 d'après F. Gérard et Picot. Très belles épreuves avant toute lettre.

LIPSE ET LANGLOIS

254 — *Necker* (Mme). — Du *Chatelet* (la Marquise), d'après Mlle Loir. Deux portraits in-8.

LOCKE (d'après W.)

255 — Two Sisters, gravé par Mme Bovi, en couleur. Très belle épreuve.

MAITRE ANONYME FRANÇAIS DU XVIIIe SIÈCLE

256 — Guirlande de fleurs entourant un médaillon dans lequel est représentée la Reine Marie-Antoinette assise dans sa prison et brodant ; un amour lui apporte un sachet qu'il tient par un ruban. Pièce de la plus grande rareté, imprimée en couleur sur satin. *Hés. h.*

MALLET (d'après)

257 — La nouvelle intéressante, par Mixelle. Très rare épreuve à l'eau-forte pure, imprimée au recto et au verso. *D. et*

258 — La nouvelle intéressante. — La visite du matin. Deux pièces faisant pendants gravées en couleur par Mixelle. Très belles épreuves, marge. *D. hu*

MARILLIER ET CHOFFARD

259 — Mme et Mlle Deshoulières, en tête pour le *Parnasse des dames.* — En tête pour le *Dictionnaire des graveurs,* de Basan, et vignette pour les petits conteurs, par Duplessis-Bertaux. Trois pièces avant la lettre.

MARTINET (chez)

260 — Fête du 14 Juillet an IX, vue du Temple élevé dans le grand carré des Champs-Elysées, dans lequel le concert fut exécuté. Belle épreuve, coloriée.

MARTINI (P.-A.)

261 — Exposition au salon du Louvre en 1787. — Coup d'œil exact de l'arrangement des peintures au salon du Louvie en 1785. Deux pièces. Très belles épreuves.

MECOU

262 — Portraits d'Impératrices et grandes Duchesses de la cour de Russie. Dix pièces. Très belles épreuves, toutes marges.

MEISSONIER (d'après E.)

263 — Défilé des populations lorraines devant S. M. l'Impératrice, gravé par J. Jacquemart. Epreuve avant la lettre.

264 — Le porte-drapeau, par Hédouin. — Polichinelle, par L. Ruet. Trois épreuves. Quatre pièces épreuves d'artiste.

MERIAN (M.)

265 — Carrousel fait à la place Royale à Paris, les 5, 6, 7 avril 1612. Très belle épreuve. Rare.

MONNET (d'après)

266 — Serment du Jeu de Paume, par Helman. Epreuve du premier état, avant la dédicace, avec les armes du roi.

267 — Soixante-quatre figures et planches avec texte au milieu pour les *Aventures de Télémaque*, édition du Dauphin. Très belles épreuves en livraisons.

MONSIAU (d'après)

268 — Monument à la gloire de Louis XVI. — La même composition mais avec beaucoup de changements et avec ce titre : La Liberté triomphante, et encore après de nouveaux changements avec celui-ci : A Bonaparte pacificateur, gravé par Van Gelisty et Gaucher. Trois pièces. Très belles épreuves.

MONSIAU (d'après)

269 — Mariage Samnite, ou la soirée des noces, par Ruotte, en couleur. Belle épreuve.

270 — Suite de vignettes in-4, pour les Œuvres de Rousseau, Vingt-six pièces. Superbes épreuves avant la lettre, grandes marges.

MOREAU (J.-M.)

271 — Le Bal masqué. — Le Festin royal, fêtes données au Roi et à la Reine par la ville de Paris. Deux pièces faisant pendants. Belles épreuves.

272 — Le Festin royal. Très belle épreuve.

273 — Arrivée de la Reine à l'Hôtel de Ville. — Le feu d'artifice, fêtes données au Roi et à la Reine, par la ville de Paris, le 21 janvier 1782. Deux pièces. Très belles épreuves.

MOREAU (d'après J.-M.)

274 — Au Roi. Buste de Louis XVI au milieu de figures allégoriques, gravé par Le Mire. Très belle épreuve.

275 — Déclaration de la grossesse, par Martini. Belle épreuve avec les lettres A. P. D. R.

276 — Le Rendez-vous pour Marly, par Guttenberg. Superbe épreuve avec les lettres A. P. D R., grande marge.

277 — Déclaration de la grossesse, par Martini. Superbe épreuve avec les lettres A. P. D. R., grande marge.

278 — N'ayez pas peur, ma bonne amie, par Helman. Belle épreuve, grande marge.

279 — Le Pari gagné, par Camligue. Très belle épreuve avec les lettres A. P. D. R., grande marge.

280 — La Rencontre au bois de Boulogne, par Guttenberg. Belle épreuve, marge.

MOREAU (d'après J.-M.)

281 — Le vrai bonheur, par Simonet. Très belle épreuve, remargée.

282 — Vignettes in-4, par divers graveurs pour les Œuvres de Rousseau. Très belles épreuves, margés.

MORLAND (d'après)

283 — La partie quarrée. Très belle épreuve en couleur. $\mathfrak{D}$. 19

284 — Variety, par Bartoloti. Très belle épreuve, toute marge.

285 — Le Bonheur domestique. — L'Enlèvement. — La Porte de la Taverne. — Les Parents vertueux. — La Toilette pour le bal masqué. — La Belle Pénitente. Suite de six pièces gravées par Bartoloti. Très belles épreuves en couleur. $\mathfrak{D}$. 09

286 — La porte du Château, par Lévilly. Très belle épreuve.

287 — Dressing for the masquerade. — The Tavern door. — The fair penitent. Trois pièces gravées par Bartoloti. Très belles épreuves, toute marge. $\mathfrak{D}$. 09

NATOIRE (d'après Сн.)

288 — Le Triomphe d'Amphitrite par Cl. Duflos. Très belle épreuve, marge.

NIQUET

289 — Déclaration des Droits de l'Homme et du Citoyen, pièce en largeur de forme ovale. Très belle épreuve. Rare.

NOBLE (G.)

290 — Maternal Instruction, d'après Borckhardt. Très belle épreuve.

ORNEMENTS

291 — *Boucher* (d'après F.). Bras de cheminées. Cinq pièces avec marges.

ORNEMENTS

292 — *Divers*. Meubles, par Delafosse, Radel, Boucher, Meis-
sonnier, etc., ornements divers. Soixante-onze pièces.

293 — *Dugoure*. Arabesques inventées et gravées par J. D. Dugoure. Six pièces. Très belles épreuves, toutes marges.

294 — *Pillement*. Fleurs gravées en couleur par Ann. Allen.
Huit pièces à toutes marges.

295 — *Voisin*. Cahier d'arabesques, gravées par Guyot. Quatre pièces coloriées.

OZANNE (d'après)

296 — Ports de France, gravés par Le Gouaz. Quatorze pièces.

PARIZEAU (L.)

297 — Este fue el quinto caballo, que el toro derribo, y mato,
d'après Sandoz Rollin. Belle épreuve, marge.

PARÁY (le comte DE)

298 — Jeune fille en buste, tenant de ses deux mains un fichu
sur sa poitrine à moitiée nue. Très rare épreuve avant
toute lettre, à l'état d'eau-forte.

PERELLE

299 — Vues de Paris. Huit pièces.

PETERS (d'après)

300 — L'Amour maternel, par Chevillet. Très belle épreuve.

PETIT (SIMON)

301 — Le Bouquet de violettes, en couleur. Très belle épreuve.

PETITOT (d'après)

302 — Veduto del baschetto d'Arcadia dalla parte de' Principi.
Gravé par Volpato. Très belle épreuve.

POLLARD (R.)

303 — Saint-Preux and Julia, d'après F. Wheatly, 1786. Très belle épreuve.

POLLARD (A Londres, chez R.)

304 — Kew Gardens. Jolie pièce gravée à la manière noire. Très belle épreuve, marge.

POULLEAU

305 — Vue du Panthéon. Belle épreuve, marge.

PRUD'HON (d'après P.)

306 — En Jouir, par Copia. Très belle épreuve avant la lettre, marge.

QUENEDEY ET CHRÉTIEN

307 — Portraits de femmes de l'époque de la Révolution. 85 pièces. Très belles épreuves. Rares.

QUEVERDO (d'après F.)

308 — Céphise surprise près du bain, par Patas. Très belle épreuve, marge.

RAFFET

309 — Voyage dans la Russie méridionale et la Crimée par la Hongrie, la Valachie et la Moldavie, en 1837, 65 pièces avec texte, en portefeuille.

RAMBERG (d'après H.)

310 — The exhibition of the Royal Academy, 1787, par P.-A. Martini. Très belle épreuve, marge.

RAOUX (d'après)

311 — Le Satyre complaisant, par Basan. Très belle épreuve, marge.

REYNOLDS (d'après sir J.)

312 — *Stanhope* (The Hon. Mrs.), par J.-R. Smith. In-fol. en manière noire. Très belle épreuve.

ROBIN DE MONTIGNY

313 — *Marie-Antoinette*, représentée à cheval. Gr. in-4 en couleur. Rare.

ROMANET (A.)

314 — Le Sommeil, d'après Titien. Très belle épreuve avant la lettre.

ROMANET ET SCHIAVONETTI

315 — Elisabeth Philippe-Marie-Hélène de France. — Marie-Joséphine-Louise de Savoie, reine de France. Deux portraits in-4. Belles épreuves.

RUGENDAS (J.-L.)

316 — Louis XVI et Marie-Antoinette représentés à cheval, avec vues de villes et personnages dans les fonds. Très belles épreuves.

RUOTTE (L.-C.)

317 — Terpsichore, d'après Lagrenée. Très belle épreuve, en couleur.

SAINT-AUBIN (d'après Aug. de)

318 — Tableau des portraits à la mode, par P.-F. Courtois. Très belle épreuve.

SAINT-QUENTIN (d'après)

319 — Les Garants de la félicité publique, par Née et Masquelier. Très belle épreuve.

SAYER (R.)

320 — Beauty in search of knowledge, 1782, en couleur. Très belle épreuve.

SAYER (R.)

321 — The two friends, jolie pièce coloriée. Très belle épreuve.

322 The private correspondance or Betty in the secret. — Contemplative charmer. Deux pièces en couleur. Très belles épreuves. Rares.

SCHALL (d'après F.)

323 — Le Bouquet impromptu, par Aug. Legrand. Très belle épreuve, marge.

324 — Le Modèle disposé, par Al. Chaponnier. Superbe épreuve, marge.

SCOTTE (Ed.)

325 — The Valentine, d'après Enselle. Très belle épreuve.

SERGENT (A.-F.)

326 — Vue du Palais-Royal, jolie pièce imprimée en bistre. Très belle épreuve, marge.

327 — The day's folly, pièce imprimée en bistre.

SERGENT (d'après)

328 — *De Vaux* (Noel de Jourdan, comte de). — Scène de sa vie. Deux pièces gravées en couleur par Moret. Belles épreuves.

329 — Petites vues de Paris gravées en couleur par Le Campion. Cinq pièces.

SILVESTRE (Israel)

330 — Titres de diverses suites et vues de Charenton. Huit pièces.

SIMONNEAU

331 — Mansart (Jules-Hardouin), d'après F. Detroy. In-fol. Très belle épreuve, marge.

SINGLETON (d'après)

332 — Camilla reccovering from her Swoon, gravé par Keating. Très belle épreuve.

SMITH (J.)

333 — *Bolton* (Her grace the Dutchess of), d'après Kneller. In-fol. en pied. Très belle épreuve.

334 — *Cromwell* (Lady Elizabeth), d'après Kneller. In-fol. Très belle épreuve.

SMITH (d'après J.-R.)

335 — Society in solitude, par Laneau, en couleur. Très belle épreuve, marge.

336 — Thoughts on matrimony, par Bartolonii, en couleur. Très belle épreuve.

TERRY (chez J.-B.)

337 — Il voudrait abattre ce qui les soutient, pièce sur la Révolution, imprimée en bistre.

TOUZÉ (d'après)

338 — La Présidente Tourvel, par Romain Girard, en couleur. Très belle épreuve, marge.

VALLÉE (A Paris chez)

339 — Louis XVI et Necker, pièce allégorique. Belle épreuve.

VANGORP (d'après)

340 — Les douceurs de la fraternité, par Gautier, en couleur.

VERNET (C.)

341 — Sujets de chasses, lithographies originales de C. Vernet. Seize pièces.

VERNET (CARLE)

342 — Campagnes des Français sous le Consulat et l'Empire, album de cinquante-deux batailles et cent portraits des maréchaux, généraux et personnages les plus illustres de l'époque et le portrait de Napoléon Ier, accompagné d'un fac-similé de sa signature. Collection de soixante planches, dite Carle Vernet, peintre d'histoire, faite d'après les tableaux de ce grand maître et les dessins de Swebach. 1 vol. in-fol. cart.

VERNET (d'après C.)

343 — Point de Convention, par Tresca. Très belle épreuve, marge.

VERNET ET AUTRES (d'après)

344 — Sujets de sport. Vingt-six pièces en noir et en couleur.

VILLENEUVE

345 — Angélique. — Melcour. Deux médaillons in-8 faisant pendants, en couleur. Très belles épreuves, grande marge.

VINKELES

346 — Fête donnée dans la grande salle de la Bourse d'Amsterdam en 1768. Superbe épreuve avant la lettre, marge.

VLEUGHELS (d'après)

347 — Le Villageois qui cherche son veau, par de Larmessin. Très belle épreuve avant l'adresse de Buldêt.

WATTEAU (ANT.)

348 — Figures de modes dessinées et gravées à l'eau-forte par Watteau et terminées au burin par Thomassin le fils. Suite de sept pièces et un titre. Très belles épreuves.

WEIS (d'après)

349 — Représentation de l'église cathédrale de Strasbourg et autres planches du voyage de Louis XV à Strasbourg. Trois pièces.

WILLE (J.-G.)

X 350 — *Louis XV*, d'après Parrocel. In-fol. équestre. Belle
épreuve.

WILLE (d'après P.-A.)

351 — Le Bouton de rose, par Voyez l'aîné. Très belle épreuve.

352 — Dédicace d'un poème épique, par Dennel. Superbe
épreuve avant toute lettre, marge.

353 — La Nouvelle affligeante, par Cathelin. Superbe épreuve
avant la lettre, marge.

354 — Sous ce numéro, il sera vendu quatre portefeuilles de
gravures en lots, Ecole française du dix-huitième siècle,
et portraits.

Imprimerie D. Dumoulin et Cie, à Paris.

IMPRIMERIE D. DUMOULIN ET Cie
Rue des Grands-Augustins, 5, à Paris.

www.ingramcontent.com/pod-product-compliance
Ingram Content Group UK Ltd.
Pitfield, Milton Keynes, MK11 3LW, UK
UKHW021016120726
13693UKWH00005B/2009